AF375045

9 789948 453000

© واحة الحكايات للنشر والتوزيع
الإمارات العربية المتحدة
واحة دبي للسليكون
Wahat Alhekayat publishing
and distribution
Dubai - UAE

UAE: 0097143336366
00971504599804
00971558236687
E: info@wahatalhekayat.com
متجر واحة الحكايات
www.wahatalhekayat.com
أكاديمية واحة الحكايات
مكتبة إلكترونية ومنصة تعليمية
www.wahatalhekayat.academy
بطة برتقالية
تأليف: د. صفاء عزمي
رسوم: حسن السعدي
الطبعة السادسة عام 2023
ISBN 9789948453000

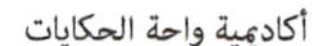

بَطَّةٌ بُرْتُقالِيَّة

تأليف: صفاء عـزمي

رسوم: حسن السعدي

كانَتِ البَطّاتُ تَسْبَحُ سَعيدَةً،

وَكانَتْ هُناكَ بَطَّةٌ بُرْتُقالِيَّةٌ وَحيدَة.

تَرَكَتِ البَطّاتُ الصَّغِيراتُ أُمَّها،

فَصاحَتِ الأُمُّ تُنادي : كاكْ... كاكْ.

شَـمَّـت ماما البَطَّـةَ البُرتُقالِيَّـةَ،

أَيْنَ... أَيْنَ رائِـحَـةُ البَطِّ؟

لَمَسَـتْ ماما البَطَّةَ البُرتُقالِيَّةَ،

أيـن... أين ريشُ البَطِّ؟

ثُمَّ شَاهَدَتْ نَسْرًا...

إِنَّهُ يَقْتَرِبُ... إِنَّهُ يَقْتَرِبُ.

أَسْرَعَتِ الأُمُّ تَحْمِي الصِّغَارَ تَحْتَ الأَشْجَارِ،

فَطارَ النَّسْرُ بَعيدًا خائِفًا.

وفَجْأَةً دَخَلَ الشَّوْكُ في جِسْمِ البَطَّةِ البُرْتُقالِيَّةِ،

وخَرَجَ الـهَـواءُ ... فوووو

صاحَتِ البَطَّاتُ... كاكْ كاكْ... في حُضْنِ ماما

كاكْ كاكْ... حُبٌّ وأمانٌ... كاكْ كاكْ.

1

أُمٌّ (الأُمُّ)   بطُّ (البطُّ)

شَمَّ (شَمَّت)   ثُمَّ   في   حُبّ

2

صاحَ (صاحَتْ)   (فَصاحَتْ)   كاكُ

كان (كانت)   ريشُ   طار (فَطارَ)

3

تَرَكَ (تَرَكَت)   لَمَسَ (لَمَسَت)

أَيْنَ   تَحْتَ   دَخَلَ   جِسْمٍ   خَرَجَ   حُضْن

بَطَّةُ (البَطَّةُ)   شَوْكُ (الشَّوْكُ)

4

أُمَّها   تَحْمي   صاحَتِ   أمانٌ   ماما   هُناك

بَعيدَ (بَعيدًا)   خائِفَ (خائِفًا)

بَطَّاتُ (البَطَّاتُ)   وَحيدَ (وَحيدَةً)

سَعيدَ (سَعيدَة)   شاهَدَ (شاهَدَتْ)

صِغارَ (الصِّغارَ)   هَواءُ   (الـهَواءُ)

5

أَسْرَعَ   (أَسْرَعَتْ)

تَسْبَحُ   فَجْأَةً

6

رائِحَةُ   يَقْتَرِبُ   تُنادي

أَشْجار   (الأَشْجار)

صَغيراتُ   (الصَّغيراتُ)

بُرْتُقالِيَّةُ   (الـبُرْتُقالِيَّةُ)

الـمرحلة الأولى

القصص في المرحلـة الأولـى تتكون مـن عـدد مـحدد مـن الكلـمات البسيطـة في القـراءة والنطـق, في القصص ربـط مباشر بين الصـور والكلمـات، وفي كل صفحـة جملـة واحـدة، الكلـمات بسيطـة ومكـررة، والصـور واضحـة ومعبرة، وفكـرة القصة تتيـح المشاركة والنقاش في جـو مـن السعـادة.

قبـل القراءة: نقـرأ العنـوان ونتحـدث عـن صـورة الغـلاف، نفتـح الكتـاب، وننظـر إلى الصـور، ونثير عـدة ملاحظـات وتعليقـات، علـى الصـور، والشخصيات، وتعبيرات الوجـه، والأمـاكـن، والملابـس، مما يـولد لدى الطفـل الفضول والاهتمام بالقصة.

أثنـاء القـراءة: بعـض الأطفـال يحـب أن يبـدأ القراءة، وبعضهـم يحـب الاستماع، وفي الحالتين يجـب أن نشجع الطفـل، فمـن المهـم أن يتولـد لديـه الاهتمام وحب القراءة.

في حالـة الاستماع للطفـل الـذي يحـب القراءة بنفسه: عندمـا يبـدأ الطفـل القراءة، يجـب أن نساعده بالإشارة و نطق الحـرف الأول مـن الكلمات الصعبة إذا احتـاج لذلك، حتـى لا يفـقد حماسته.

في حالـة القراءة للطفـل الـذي يحـب الاستماع: أثنـاء قيامنا بالقراءة يجـب أن نشجع الطفـل علـى المشاركة في قراءة الكلمات البسيطة، ونساعده بالإشارة إلى الحـرف الأول، فهـذا يسـاعد علـى جـذب نظـر الطفـل إلى الكلمـة ومن ثَـمَّ يحاول قراءتها تدريجيـا، وفي كلتـا الحالتين، فإن الإشارة إلى الصـورة في الوقـت المناسب تسـاعد علـى تأكيـد المعنـى، وتخطـي صعوبـات النطـق والقراءة.

بعـض القصـص فيهـا مجـال للغنـاء والتمثيـل، فيجـب أن نسـتغل هـذه الفرصـة فنسـتعمل النغمـات والإشـارات للاسـتمتاع والتكـرار. ويجـب أن لا ننسـى أن نشـجع الطفـل طـوال الوقـت.

بعـد إكـمال قـراءة قصـص المرحلـة الأولى : نعـود إلى المفـردات في نهايـة كل قصـة ونساعد الطفـل عـلى قراءة المفـردات مستعينين ببعض الأساليب السـابقة، وقـد قمـت بجمـع مفـردات القصـة وتقسـيمها إلى سـت مجموعـات تبعـا لعـدد الـحروف:

المجموعة 1 : كلمات من حرفين

المجموعة 2 : كلمات من ثلاثة أحرف منها حرف مدّ.

المجموعة 3 : كلمات من ثلاثة أحرف.

المجموعة 4 : كلمات من أربعة أحرف منها حرف مدّ.

المجموعة 5 : كلمات من أربعة أحرف.

المجموعة 6 : كلمات من خمسة أحرف أو أكثر.

في المجموعة السادسة نشير إلى الكلمة ونقرأها ثم نطلب من الصغير أن يشير ويردّد وراءنـا .

ملاحظات للمعلم: قُمت باختيار بعض الكلمات ووضعتها بين قوسين مثال: (لعبَت) ثم وضعت الكلمـة الأصليـة خـارج القوسـين مثـال: لعبَ (لعبَت)، مـع الاحتفـاظ بتشـكيلها الأصلي مثـال: حـماسٍ (بحـماسٍ) وقـد اخـترت هـذه الكلـمات كالتـالي:

1 - الكلـمات التـي تبـدأ بـ (ال) القمريـة، الكلـمات التـي تنتهـي بحـرف مُنـوَّن، والكلـمات التـي تشـتمل عـلى (حـرف جـر، تـاء التأنيـث ، ضمـير . . . .) بـشرط ألّا يتغير تشـكيل هـذه الكلـمات بعـد تجريدهـا.

2 - الكلمات التي تبدأ بـ (ال) الشمسية.

ما عدا ذلك فقد وَضَعت الكلمات كما وردت في القصة في المجموعة المناسبة تبعًا لعدد الحروف.

صفاء عزمي